I0190839

www.ingramcontent.com/pod-product-compliance
Lightning Source LLC
Chambersburg PA
CBHW071806020426
42331CB00008B/2411

* 9 7 8 1 7 8 2 6 3 3 9 6 9 *

دەرمانی یەزدان

دێرک پرنس

وەرگێڕانی لە ئینگلیزییەوە؛ نەریمان تاهیر

ئەم کتێبە وەرگێڕانێکە لە کتێبی ئینگلیزی:

God's Medicine Bottle

Copyright © 1999, 2007, 2010 Derek Prince Ministries-International

Published by Derek Prince Ministries-UK 2011

Kingsfield, Hadrian Way, Baldock SG7 6AN enquiries@dpmuk.org

Printed in the United Kingdom

ISBN 978-1-782633-96-9

ناوی کتێب: دەرمانی یەزدان

نووسەر: دێرک پرنس

وەرگێڕ: نەریمان تاهیر

چاپی یەکەم، ٢٠١٦

تیراژ: ٥٠٠ دانە

چاپخانە: (   )

ژمارەی سپاردن: (   )

Derek Prince Ministries-International

2

ناوەرۆک

بەشی یەکەم

بەپێی ڕێنماییەکان وەریبگرە

بەپێی ئەزموونی تاکەکەسی خۆم باسی ئەوەتان بۆ دەکەم کە چۆن ئەم "دەرمانە ناوازایەی یەزدان"م کەشف و ئاشکرا کرد.

لەبەرئەوەی خەڵکی بەریتانیام، لە سەرەتاکانی جەنگی جیهانی دووەمدا بۆ ماوەی پێنج ساڵ و نیو لە سوپای بەریتانیادا لە بەشی پزیشکیدا خزمەتم کرد. سێ ساڵی سەرەتا لە بیابانەکانی باکوری ئەفریقا خزمەتم کرد، یەکەم جار لە میسر، دواتر لە لیبیا و پاشان لە سودان.

لەو بیابانەدا دوو شت هەبوون کە لە هەموو شتەکانی دیکە مەترسیدارتر بوون، لم و خۆر. نزیکەی یەک ساڵی تەواو لە بیانان بەسەربرد بەبێ ئەوەی ڕێگەیەکی قیرتاوکراو ببینم. بەناو لمدا گەشتمان دەکرد، لەناو لمدا دەنووستین، تەنانەت کاتی وا هەبوو وا کە وامان لێدەهات حەز لە خواردنی لم بکەین. بەهۆی ئەو لمەوە بەردەوام مەترسیمان لەسەر بوو. تیشکی ڕۆژ کاریگەری زۆر خراپی بەجێدەهێشت لەسەر پێستی ئەو کەسانەی کە لەگەڵ ئەو جۆرە ژینگەیەدا ڕانەهاتبوون، من یەکێک لەو کەسانە بووم. ئەو زیانە خۆی لە پێستی دەست و پێمدا بینییەوە بە جۆرێک کە پێستی دەست و پێم تەواو چرچ و لۆچ ببوو. لە زۆر لایەنەوە لە کەڵکی خستبووم. لێپرسراوی یەکە سەربازییەکەی ئێمە نەیدەهێشت کە بڕۆم بۆ نەخۆشخانە ، چونکە دەیزانی هەرکە بڕۆم بۆ ئەوێ، ئیدی لەدەستم دەدات و ناگەڕێمەوە. پاشان دوای بە شەلەشەل ڕاپەڕاندنی ئەرکە سەربازییەکانم بۆ ماوەی چەند مانگێک، لە کۆتاییدا ناچار کەوت کە بمنێرێت بۆ نەخۆشخانە. ڕۆیشتم بۆ سێ یان چوار نەخۆشخانەی سەربازی و بۆ ماوەی ساڵێک لە نەخۆشخانە مامەوە. کاتێک لەوێ بووم، چاوم بە چەندی سەرباز کەوت کە هەمان کێشەی منیان هەبوو، بۆ ماوەی دوو ساڵ لە ڕۆژهەڵاتی ناوین بوون و ساڵێک و شەش مانگیان لە نەخۆشخانە بەسەر بردبوو.

پاشان وردەکاری زۆرتریان لەسەر کێشەکە پێگوتم، هەر جارەو ناوی نەخۆشییەکە لەوەی پێش خۆی درێژتر بوو. لە کۆتاییدا زۆر بە سادەیی پێیان گوتم کە گوایە نەخۆشی بیرۆ (ئەکزیما)ی درێژخایەنم

هەیە. باشترین دەرمانیان بۆم بەکارهێنا بەڵام هیچ سوودێکی بۆم نەبوو. زۆر سەربازی دیکەم بە
هەمان دەردەوە بینی کە ئەوانیش هیچیان بۆ نەکرابوو. ئەگەر نەخۆشییەکی زۆر مەترسیدار هەببوایە
وەکو سوتان، ئەوا سەربازەکانیان دەگواستەوە بۆ ئەفریقای باشوور. بەڵام لەبەرئەوەی حاڵەتەکەی من
زۆر مەترسیدار نەبوو و هەروەها خزمەتی سەربازیشم بەلای سوپای بەریتانیاوە ئەوەندە بەنرخ نەبوو،
هەربۆیە گەشتییان کەشتییان بۆ ئەفریقای باشوور لەبەر من بەفیرۆ نەدەدا. بۆیە لەسەر تەختەکەم
کەوتبووم، رۆژ دەهات و رۆژ دەڕۆیشت و بیرم لەوە دەکردەوە کە داهاتووم دەبێت چۆن بێت.
دەتوانم پێت بڵێم کە کاتێک ساڵێکی تەواو لە نەخۆشخانە بەسەردەبەیت، هەستدەکەیت کە ماوەیەکی
زۆر زۆرت لەوێ بەسەر بردووە.

زۆر نەبوو کە پەیوەندییەکی ڕاستەقینە و تایبەتم لەگەڵ یەزداندا بەستبوو، دووبارە لەدایکبوومەوە و
رۆحی پیرۆزم بە پڕ و تەواوی وەرگرتبوو. بەڵام کەسێکی زۆر زۆر نەزان بووم، هیچ پاشخانێکم
لەبارەی کتێبی پیرۆزەوە نەبوو، بەڵام لەڕاستیدا هیچ شوێنێکی دیکە نەبوو کە
پەنای بۆ ببەم جگە لە یەزدان و کتێبی پیرۆز. بەو پەڕی پەرۆشییەوە دەستم کرد بە گەڕان بەناو
کتێبی پیرۆزدا بۆ ئەوەی بڵکو شتێک لەسەر بارودۆخی جەستەییم پێبڵێت. هیچ شتێکم لەبارەی
شیفاوە نەدەزانی، تەنیا دەمزانی کە پێویستم پێیەتی. کتێبی پیرۆزم هەببوو لەگەڵ کاتێکی زۆر بۆ
خوێندنەوەی، لەوێ شتێکی وا نەبوو کە بیکەیت. هەربۆیە دەستمکرد بە گەڕان بەناو کتێبی پیرۆزدا
تاکو شتێکم نیشانبدات بۆ ئەوەی بتوانم بە تەواوی متمانە بە یەزدان بکەم کە دەتوانێت
نەخۆشییەکەم چاک بکاتەوە.

رۆژێکیان تووشی چەند ئایەتێکی کتێبی پەندەکانی سلێمان بووم کە پێم دەگوتن "شووشەی
دەرمانی یەزدان." (پەندەکان ٤: ٢٠- ٢٢) دەڵێت:

"٢٠ڕۆڵە، سەرنج بدە وشەکانم، گوێ بۆ قسەکانم شل بکە. ٢١لەبەرچاوت دوورنەکەونەوە، لە ناخی
دڵت بیانپارێزە، ٢٢چونکە ژیانن بۆ ئەو کەسەی دەیاندۆزێتەوە، سەلامەتییە بۆ هەموو لەشی."

ئەم ڕستەیە منی تەواو گرت: **"سەلامەتییە بۆ هەموو لەشی."** لەوە تێدەگەیشتم کە "هەموو لەش" واتە هەموو ئەندامەکانی جەستە. بیرم کردەوە و گوتم: "سەلامەتی! ئەگەر هەموو جەستەم سەلامەت بێت ئەوا نەخۆشی جێی نابێتەوە، ئەمە پەیمانی یەزدانە."

دواتر کە ڕۆیشتم تماشای پەراوێزی سەر وشەی **"سەلامەتی"**م کرد بۆم دەرکەوت کە بە واتای "دەرمان"یش دێت. دەرمان لەگەڵ بارودۆخی مندا باشتر دەگونجا. یەزدان پەیمانی ئەوەی پێدام کە دەرمانێکم بداتێ بۆ هەموو جەستەم. بە خۆمم گوت: "ئەمە ڕێک ئەو شتەیە کە من دەمەوێت." بۆیە ڕۆیشتم و چەندین جار هەمان ئەو ئایەتانەم خوێندەوە، بۆمدەرکەوت کە لە کرۆکدا، ئەوەی کە خودا لەڕێگەی وشەکانییەوە پێشکەشی دەکات، بۆ من دروست کرابوون.

(ئایەتی ٢٠) دەڵێت: **"سەرنج بدە وشەکانم، گوێ بۆ قسەکانم شل بکە."** پاشان (ئایەتی **٢٢**) دەڵێت: **"چونکە (وشە و وتەکانی یەزدان) ژیانن بۆ ئەو کەسەی دەیاندۆزێتەوە، سەلامەتییە بۆ هەموو لەشی."** کەواتە هەرشتێک بێت، لەناو وشە و وتەکانی یەزداندایە.

پاشان ئەم گرێیەم بینی: **"ئەو کەسەی دەیاندۆزێتەوە."** من ئەمەم لە خوێندنەوەی کتێبی پیرۆز زیاتر هاتە پێش چاو. بە جۆرێک کتێبی پیرۆزم خوێندەوە کە بمەوێت ڕێگایەک بدۆزمەوە بۆ وەرگرتنی ئەو شتەی کە یەزدان دەیخاتە بەردەستمان.

هەموو ئەو دەرمانانەم وەرگرت کە بۆ حاڵەتەکەی من لە بەردەستدا بوون بەڵام هیچ سوودێکیان نەبوو، هەربۆیە بڕیارێکم دا؛ هەرچەندە بڕیارێکی زۆر سادە بوو. بڕیارم دا کە وشەی یەزدان وەکو دەرمان وەربگرم. ئەوە بڕیارێکی گرنگ و یەکلاکەرەوەی ژیانم بوو. کاتێک ئەو بڕیارەم دا، یەزدان قسەی لەگەڵ کردم، گوێم لە دەنگی نەبوو بەڵام زۆر ڕوون لەگەڵم دوا و فەرمووی: "کاتێک دکتۆر دەرمان دەدات بە نەخۆش، شێوازی بەکارهێنانی، لەسەر دەرمانەکە نووسراوە." پاشان فەرمووی: "ئەمە دەرمانی منە، شێوازی بەکارهێنانەکەی لەسەری نووسراوە، باشتر وایە کە بیخوێنیت."

یەزدان بەبیری هێنامەوە کە دکتۆر پەیمان نادات ئەو دەرمانانەی کە دەینووسێت هیچ سوودێکی دەبێت ئەگەر هاتوو بە پێی ڕێنماییەکان بەکارینەهێنیت؛ منیش وەکو دکتۆرێکی ڕێکوپێک ئەوە بەلامەوە زۆر ڕوون بوو.

پاشان بڕیارم دا کە ڕێنماییەکانی سەر دەرمانەکە بخوێنمەوە، هەر زوو بۆم دەرکەوت کە چوار ڕێنمایی تایبەت هەیە بۆ وەرگرتنی وشەی یەزدان وەکو دەرمان بۆ چارەسەری جەستەیی. ئەمانەی خوارەوە چوار ڕێنماییەکەن:

1. سەرنج بدە وشەکانم
2. گوێ بۆ قسەکانم ڕابگرە
3. ڕێگەمەدە لەبەرچاوت دووربکەونەوە
4. لە ناخی دڵت بیانپارێزە

بۆم دەرکەوت ئەگەر بمەوێت سوودی پێویست لەو دەرمانە وەربگرم، دەبێت ئەو ڕێنماییانەی سەرەوە جێبەجێ بکەم.

ناتوانم بەوردی باسی هەموو ئەو شتانە بکەم کە دوای ئەوە ئەنجامم دا. بەڵام ڕۆژانە سێ جار سەرم بەسەر کتێبی پیرۆزدا شۆڕ دەکردەوە، چونکە خەڵک بەگشتی دوای نان دەرمان دەخۆن. بە یەزدانم گوت: "ئەی یەزدان، تۆ لە وشەکانتدا فەرمووتە کە وشەکانت دەبن بە دەرمان بۆ جەستەم، ئێستا من وەکو دەرمان وەریاندەگرم، بە ناوی عیسای مەسیح ئەم نوێژەم کرد." دوای چەند مانگێک، دەرمانی یەزدان، بەردەوام بەو جۆرە بەکارمدەهێنا (ڕۆژی سێ جار، دوای نان) ئەو ئەنجامەی بەدەستهێنا کە یەزدان پەیمانی دابوو. تەواوی جەستەم سەلامەت بوو.

چەندین ساڵ لەمەوبەر ئەم ئەزموونەم بەشێوەی دەنگ تۆمار و بڵاوکردەوە. بەم نزیکانە، چاوم کەوت بە گەنجێکی پاکستانی لە لەندەنی پایتەختی بەریتانیا، پێی گوتم کە باوەڕی بە مەسیح هێناوە. هەروەها باسی ئەوەی کرد کە بۆ ماوەی بیست ساڵ بەهۆی بیرۆ (ئەکزیما)وە ئازاری چەشتووە. دوای ئەوەی ڕۆژێک گوێی لە تۆمارە دەنگییەکەی من دەبێت لەسەر دەرمانی یەزدان، بڕیار دەدات

که ڕۆژانه هەمان شت بکات که من کردم. دوای سێ ڕۆژ به تەواوی چاکببووەوه. تا ئێستاش بەو جۆرەی که باسی دەکەن، دەرمانەکه هەمان کاریگەری هەیه.

ئێستاش دەمەوێت باسی ئەو دەرسانەتان بۆ بکەم که لەبارەی ڕێنماییەکانی سەر دەرمانی یەزدان فێربووم، هەروەها پێتان دەڵێم که چۆن ئەو ڕێنماییانه جێبەجێ بکەن.

بەشی دووەم

بە وردی سەرنج بدە

یەکێک لە چوار ڕێنماییەکەی شوشەی دەرمانی یەزدان **"سەرنج بدە وشەکانم"**ە. دەبێت لەوە تێبگەین کە کاتێک یەزدان قسەمان لەگەڵدەکات، سەرنجی تەواوی ئێمەی دەوێت. ئەگەر خودای مەزن ئامادەیی ئەوەی هەبێت کە قسەمان لەگەڵ بکات، ئەوا بێگومان ئەدەب دەڵێت کە دەبێت بەوپەڕی ڕێز و سەرنجەوە گوێی لێبگرین. بەڵام بەداخەوە زۆربەی باوەڕداران ئەمڕۆ بەو شێوەیە نین. بەهۆی زیادبوونی بێئەندازەی میدیا_ ڕادیۆ و تەلەفزیۆن و هتد_ هەروەها بەهۆی فاکتەرە جیاوازەکانی کەلتوری هاوچەرخەوە، گوێگرتنمان بۆ دوو شت لە هەمان کاتدا داهێناوە. بەهۆی نەخۆشی "دابەشبوونی سەرنج"ەوە دەناڵێنین. سەرمدەسوڕمێ کاتێک لە ماڵەوە دەبینم گەنجەکان خەریکی دەرس خوێندنن و لەهەمان کاتدا سەیری تەلەفزیۆنیش دەکەن، واتە سەرنجی تەواو ناخەنە سەر هیچ کامیان؛ نە دەرسەکە و نە تەلەفزیۆنەکە.

لەم ڕۆژگارەدا و لە زۆر شوێن، شتێکمان هەیە کە پێی دەڵێن "مۆسیقای نزم." خەریکی قسەکردنین بەڵام لەهەمان کاتدا بە گوێیەک گوێ لە مۆسیقا نزمەکە دەگرین. من خۆم ئەمەم بەلاوە شتێکی زۆر بێزارکەر و ناشرینە. من لەو جۆرە کەسانەم کە حەزدەکات سەرنجی تەواو بخاتە سەر شتێک و بەهیچ شێوەیەک سەرنج و فکری بەلای شتی لابەلادا نەڕوات. باوەڕم وایە کە خودا بەتایبەتی ئەمەی لە مندا داناوە، هەربۆیە دەستبەرداری نابم. ئەگەر لەگەڵ کەسێکدا قسەبکەم، دەمەوێت کە تەواوی سەرنجم لەلای قسەکانی بێت. ئەگەر بمەوێت گوێ لە مۆسیقا بگرم ئەوا تەنیا گوێ لە مۆسیقاکە دەگرم. لەڕاستیدا حەزم لە مۆسیقایە. کاتێک گوێی لێدەگرن، بەتەواوی فکر و سەرنجەوە گوێی لێدەگرم.

لە تەواوی کتێبی پیرۆزدا دەبینین کە کلیلی بنەڕەتی شیفادان و چارەسەر لەلایەن خوداوە بریتییە لە گوێگرتن. با ئاسانتری بکەمەوە: "بیستن کلیلی چارەسەرە." مەسیح بە قوتابییەکانی فەرموو: **"وردبنەوە لەوەی دەیبیستن."** هەروەها فەرمووی: **"ئاگاداربن چۆن گوێ دەگرن."** ئێمە دەبێت ئەم دوو دەقە پێکەوە بەکاربێنین؛ واتە زۆر گرنگە کە گوێ لە چی دەگرین و چۆن گوێی لێ دەگرین.

دەقێکی دیکە لە پەیمانی کۆن هەیە کە پەیوەندی بەم بابەتەوە هەیە و پێداگری لەسەر دەکات. لە (دەرچوون **١٥: ٢٦**) یەزدان لەڕێگەی موساوە بە گەلی ئیسرائیل دەڵێت:

"[٢٦] ئەگەر گوێ لە دەنگی یەزدانی پەروەردگارت بگریت و ئەوەی ڕاستە لەبەرچاوی بیکەیت و گوێ بۆ فەرمانەکانی شل بکەیت و هەموو فەرزەکانی بەجێبهێنیت، هیچ نەخۆشییەک لەوانەی خستمە سەر میسرییەکان نایخەمە سەر تۆ، چونکە من یەزدانم، ئەوەی چاکت دەکاتەوە."

سەرنجی کۆتا ڕستە بدە. تەواو لەگەڵ شوشەی دەرمانەکەدا دەگونجێت: "من شوشەی دەرمانەکە دابینەدەکەم و من دکتۆرتانم." لە زمانی عیبری هاوچەرخدا دەتوانین ڕستەی کۆتایی بەم شێوە وەربگێڕین: **"من یەزدانم، دکتۆرەکەت."** یەزدان بە گەلەکەی دەفەرموێت: "من ئامادەم ببم بە دکتۆرتان، ببمە دکتۆری جەستەتان." بەڵام دەفەرموێت کە چەند مەرجێکی هەیە، ئەوەتا دەقەکە بە "ئەگەر" دەستپێدەکات.

مەرجی یەکەم کە مەرجی بنەڕەتییە دەڵێت: **"ئەگەر بەباشی گوێ لە دەنگی یەزدانی پەروەردگارت بگریت."** ئەوەتا دیسان ئەوە گرنگە کە گوێ لە چی دەگرین. دەستەواژەی **"بەباشی گوێ بگرە"** لە زمانی عیبریدا بریتییە لە دووبارەکردنەوەی فرمانی "گوێبگرە." واتە: **"ئەگەر گوێبگریت، گوێ لە دەنگی یەزدانی پەروەردگارت بگریت."** پێفشارییەکە لەسەر فرمانی گوێگرتنە.

کاتێک کە لە کتێبی پیرۆزدا بەدوای چارەسەردا دەگەڕام بۆ خۆم، پەیوەست لەگەڵ (پەندەکانی سلێمان **٤: ٢٠- ٢٢**) چاوم بەو دەقەش دەکەوت و لە خۆمم پرسی: **"ئەگەر گوێبگریت، گوێ لە دەنگی یەزدانی پەروەردگارت بگریت"** واتای چییە؟ وەک ئەوە بوو کە یەزدان وەڵامی دابێتمەوە، پێی گوتم: "تۆ دوو گوێت هەیە، ڕاست و چەپ. **'**گوێبگرە، گوێ .... بگرە**'**واتە بەهەر دوو گوێکەت گوێم لێبگرە، گوێی ڕاست و چەپ. بە گوێیەک گوێ لە من مەگرە و بە گوێکەی تریشت گوێ لە شتێکی دیکە، چونکە لە ئەنجامدا سەرت لێدەشێوێت."

لێردا پێداگرییەکە لەسەر سەرنجی و گوێگرتن و پێدانی دیقەتی تەواوە بە خودا. ئەوە ڕێنمایی بنەڕەتی شوشەی دەرمانی یەزدانە. زۆر گرنگە کە گوێ لە چی دەگرین و چۆن گوێی لێ دەگرین.

ئەمە تەنیا تاکە کلیلی شیفا و چارەسەر نییە بەڵکو تاکە کلیلی باوەڕیشە، بێگومان باوەڕ و شیفا لەگەڵ یەکدی دەگونجێن.

ئەوە باوەڕە کە توانای ئەوەمان دەداتێ کە شیفا و چارەسەری خودا وەربگرین و سوودی لێوەربگرین.

(ڕۆما ١٠: ١٧) یەکێکە لە ئایەتە دڵخوازەکانم و لەو ماوە زۆرەی نەخۆشبوونم لە نەخۆشخانە لە ژیانمدا ڕەنگی دایەوە:

"کەواتە باوەڕ بە بیستن دێت، بیستنیش بە وشەی مەسیحە."

کاتێک لە نەخۆشخانە کەوتبووم، هەمیشە بە خۆمم دەگوت: "دەزانم، ئەگەر باوەڕم هەبووایە، ئەوا یەزدان چارەسەری دەکردم و شیفای دەدام." بەڵام یەکسەر دوای ئەمە دەمگوت: "بەڵام خۆ من باوەڕم نییە." لە کاتی وتنی ئەو ڕستەدا هەستمدەکرد کە لە دۆڵێکی تاریک و تەنیای بێهیواییدام.

ڕۆژێکیان لەکاتی خوێندنەوەی کتێبی پیرۆزدا چاوم کەوتە سەر (ڕۆما ١٠: ١٧): "**کەواتە باوەڕ بە بیستن دێت، بیستنیش بە وشەی مەسیح** " لەو ئایەتەدا دوو وشە تەواو سەرنجی ڕاکێشام: **"باوەڕ، دێت."** بە واتایەکەی دیکە، واتە نابێت بێهێوا بیت. لەوانەیە باوەڕت نەبێت، بەڵام باوەڕ دێت. ئەگەر نیتە، دەتوانی وەریگریت و بەدەستیبێنینت.

بێگومان سەیرم کرد بزانم باوەڕ چۆن دێت، دەقەکە دەڵێت: "**باوەڕ بە بیستن دێت، بیستنیش بە وشەی مەسیح.**" دیسان هەروەکو (پەندەکانی سلێمان ٤: ٢٠- ٢٢) ڕێک ئاراستە کرامەوە سەر وشەی یەزدان. دەستم کرد بە شیکردنەوە و ڕاڤەکردنی ئایەتەکە و بۆم دەرکەوت کە لە وشەی خوداوە دەستپێدەکەین. وشەی خودا دەستپێکە. بەوردی و وریاییەوە گوێ لە وشەی خودا دەگرین، لەڕێگەی گوێگرتنەوە ئەوە دێت کە خودا پێی دەڵێت "بیستن" کە لەڕاستیدا توانای بیستنی خودایە. پاشان لە بیستنەوە گەشەکردنی باوەڕ دێتە ئاراوە.

ئەوە وشەی خودایە کە لەڕێگەی سەرنجدانمانەوە لێی، بیستن بەرهەمدێنێت. کاتێک بەردەوام گوێدەگرین، باوەڕ پەرەدەسێبێت و گەشە دەکات. واتە، هەموو شتێک پەیوەستە بە چۆنیەتی مامەڵەکردن و نزیکبوونەوەمان لەگەڵ وشەی خودا. ئایا بە سەرنجی تەواوە لێی نزیکدەبینەوە؟ ئایا بە هەردوو گوێمان گوێی لێدەگرین؟ ئایا جەخت لەسەر وشەی خودا دەکەینەوە؟ ئایا دەچینە ناو ئەو بارودۆخە ڕۆحی و دەروونییەوە؛ ئەوەی کە خودا پێی دەڵێت "بیستن" کە تێیدا دەتوانین گوێ لە فەرمایشتەکانی یەزدان بگرین.

زۆر لە باوەڕدارەکان کتێبی پیرۆز دەخوێننەوە بەڵام هەرگیز گوێیان لە خودا نەبووە. ناتوانن گوێیان لە خودا بێت، چونکە فکر و زەینیان بەشتی دیکەوە سەرقاڵە. بیر لەوە دەکەنەوە کە چۆن کرێخانووەکەیان بدەن، سبەی کەشوهەوا چۆن دەبێت، یان بیر لەوە دەکەنەوە کە بارودۆخی سیاسی بەرەو کوێ دەڕوات. بەردەوام هێزی دیکە لە مێشکیاندا ئیشدەکات، هەرگیز ناتوانن بیستنیان گەشە پێبدەن. دەبێت بواری بیستنمان گەشەپێبدەین، پاشان باوەڕمان گەشەدەسێنێت. هەڵسوکەوتمان بەرانبەر وشەی خودا بیستن بەرهەمدێنێت، لە بیستنیشەوە باوەڕ بەرهەم دێت. واتە، هەمیشە دەگەڕێینەوە سەر وشەی خودا و چۆنیەتی وەرگرتنی وشەی خودا.

کەواتە یەکەم ڕێنمایی شوشەی دەرمانی یەزدان بریتییە لە **"سەرنج بدە وشەکانم."**

بەشی سێیەم

گوێ ڕابگرە (گوێ شل بکە)

ئێستا باسی دووەم ڕێنمایی دەکەین کە بریتییە لە **"گوێ ڕابگرە."** گوێ ڕادێران لەوانەیە دەستەواژەیەکی تا ڕادەیەک نامۆ بێت، بۆیە باشتر وایە کە شی بکەینەوە بۆ ئەوەی بەباشی لێی تێبگەین. گوێ ڕادێران (گوێ شلکردن) واتە بە باشی گوێگرتن و سەرنجدانی تەواو لە قسەی بەرانبەرەکەمان؛ هەندێ کات گوێ هەڵخستنیشی پێ دەوترێت. بە کورت و کرمانجی، گوێ ڕادێران واتە بەباشی و بەورياييەوە گوێگرتن.

دەبێت ئەوەمان بیر نەچێت کە لەکاتی گوێ ڕادێراندا، دەبێت سەرمان ببەینە پێشەوە و نزمی بکەینەوە بۆ بەردەم ئەو کەسەی قسەمان بۆ دەکات. ئەمە واتای چییە؟ واتە بێفێزبوون و فێربوون. بەپێی ئەزموونی تاکەکەسیم، هەوڵ دەدەم زیاتر ڕوونی بکەمەوە.

کاتێک لە نەخۆشخانە کتێبی پیرۆزم دەخوێند و پەرێشانانە بەدوای وەڵامی کێشە و گرفتەکانمدا دەگەڕام، بینیم چەندین بەڵێنی شیفا و بەرەکەت و خۆشگوزەرانی دراوە. بەڵام وەکو زۆربەمان، ئاکار و ڕەفتاری منیش پەیوەست بوو بەو پاشخانەی کە هەمبوو.

کەنیسەکەی ئێمە باوەڕی وایە کە مەسیحییەت پەیوەست نییە بە خۆشحاڵییەوە و لەگەڵ دڵشاد و دڵخۆشیدا زۆر کۆک نەبوو. هەربۆیە، هەر لە سەرەتای ژیانمدا لەگەڵ خۆم ڕێکەوتم کە ئەگەر بمەوێت ببمە باوەڕداری مەسیح، ئەوا دەبێت دڵتەنگ و خەمبار بم. هەر لەبەر ئەوەش زوو بڕیارم دا کە جارێ ئامادەیی ئەوەم تێدا نییە کە دڵتەنگ و خەمبار بم، ئەمەش واتای ئەوەیە کە ئامادەنیم ببمە مەسیحی و باوەڕداری مەسیح. ئەوە تەنیا خودای دەسەڵاتدار بوو کە توانی دڵی من بگۆڕێت. بەڵام دوای باوەڕهێنانیشم زۆر لەم بۆچوون و فکرانەم هەبوو.

سەرم ڕاوەشاند کاتێک دیسان لە کتێبی پیرۆزدا چاوم کەوتەوە بە بەڵێنی شیفادان، هێز و توانا، ژیانی هەتاهەتایی، خۆشگوزەرانی و سەرڕێژبوونی بەرەکەت. سەرم نزم نەکردەوە (واتە گوێم شل

نەکرد) بەڵکو ڕاموەشاند و گوتم: "شتی وا نابێت!" ئەمە لەوە باشترە ڕاست بێت! باوەڕناکەم کە دین بەم شێوەیە بێت! هەروەها لەبەرانبەر (زەبوورەکان ١٠٣)ش هەمان کاردانەوەم هەبوو کە دەڵێت:

"یەزدان لە هەموو گوناهێکت خۆشدەبێت، لە هەموو نەخۆشییەک چاکت دەکاتەوە، وەکو هەڵۆ گەنجییەکەت نوێدەکاتەوە."

بیرم کردەوە و گوتم: "مەحاڵە. ناکرێت یەزدان بەو جۆرە بێت. مەبەستم ئەوەیە، ئێمەی مەسیحی، دەبێت چاوەڕێی دڵتەنگی و خەمباربوون بکەین."

کاتێک لە دڵی خۆمدا بەو جۆرە بیرم دەکردەوە، خودا قسەی لەگەڵ کردم، گوێم لە دەنگی نەبوو بەڵام قسەکانی زۆر ڕوون بوو وەکو ئەوەی کەسێکە لەبەرانبەر خەریکە قسەم لەگەڵ دەکات. پێی گوتم: "ئێستا تۆ پێم بڵێ، کێ قوتابییە و کێ مامۆستا؟" تۆزێک بیرم کردەوە و گوتم: "یەزدان، تۆ مامۆستایت و منیش قوتابی." ئەویش گوتی: "باشە، ڕێگەم دەدەیت وانەت فێربکەم؟"

ئەوکات بۆم دەرکەوت کە من بە هیچ جۆرێک ڕێگەم بە یەزدان نەداوە وانەم فێربکات. من بیرۆکەی کۆنی خۆمم لە مێشکدا بوو، ئەگەر یەزدان لەڕێگەی کتێبی پیرۆز شتێکی پێچەوانەی بیر و هزرم بگوتبا، نەمدەتوانی وەریبگرم و قبووڵی بکەم چونکە مێشکم بەهۆی ئەو بیرۆک و فکرانەوە داخرابوو. کرۆکی فەرمایشتی یەزدان بریتی بوو لە: "گوێت شل بکە، واز لە بیرۆکە و فکرە کۆنەکانت بێنە، ملی ڕەقت نەوی بکە و ڕێگەم بدە کە پێت بڵێم چەندە باشم و ئەو پێداویستییانەی کە بۆتم دابینکردووە چەندە نایابن. بە پێوانەی مرۆڤانە لێم مەڕوانە چونکە من خودام و مرۆڤ نیم. من خودایەکی باڵادەست و بەخشندەم، دڵسۆز و میهرەبانم."

ئەمە بنەمایەکی گرنگی وشەی خودا دەردەخات. وشەی خودا کاتێک کاریگەری لەسەرت دەبێت و لە تۆدا کاردەکات کە قبوڵت بێت و وەرتگرتبێت. وشەی خودا بێسوود دەبێت ئەگەر وەرینەگریت. پەیامێکی زۆر بەهێز لە (یاقوب ١: ١٨- ٢١)دا هەیە کە باسی قسەکردن لەگەڵ خودا دەکات:

"١٨خواستی لەسەر بوو کە بە وشەی ڕاستی لەدایک ببین، تاکو ببینە نۆبەرەی بەدیهێنراوانی.
١٩برایانی خۆشەویستم بزانن: با هەر مرۆڤێک لە گوێگرتندا خێرا بێت، لە قسەکردندا لەسەرخۆ

بێت، لە تووڕەبووندا خاو بێت، ٢٠ چونکە تووڕەیی مرۆڤ ڕاستودروستی خودا نایەنێتە کایەوە. ٢١ کەواتە هەموو گلاوی و گەشەکردنێکی بەدکاری دابکەنن، ئەو وشەیەی کە لە ئێوەدا چانراوە بە دڵنەرمییەوە وەریبگرن، ئەوەی دەتوانێت گیانتان ڕزگار بکات."

وشەی خودا دەتوانێت ڕزگارت بکات، شیفات بدات، هەروەها دەتوانێت بێ ئەندازە بەرەکەتدارت بکات، بەڵام بە مەرجێک کە بەوپەڕی دڵنەرمی و خۆبەکەمزانینەوە وەریبگریت و قبوڵی بکەیت. هەر لەم بارەوە، یەکێک لەو شتانەی کە دەبێت پشتگوێی بخەین و لێی دووربکەوینەوە لاساری و هاروهاجییە. بەگشتی کاتێک باسی هاروهاجی و لاساری دەکەین، منداڵمان دەکەوێتەوە بیر. منداڵی لاسار چۆنە؟ یەکێک لە سیفەتەکانی منداڵی لاسار ئەوەیە کە لەکاتی سەرزەنشت و تەمبێکردنیدا وەڵامت دەداتەوە و دەمەدەمێ لەگەڵ دەکات. یەزدان دەفەرموێ: "وەڵامم مەدەوە (دەمەدەمێم لەگەڵ مەکە)، کاتێک شتێکت پێدەڵێم، مشتومڕم لەگەڵ مەکە. پێم مەڵێ کە ئەوە ڕاست نییە و مەحاڵە و ناکرێت مەبەستت ئەوە بێت. ڕێگەم بدە فێرت بکەم." ئەمە کرۆک و جەوهەری گوێیەکە کە باش دەبیستێت و ئامادەیی ئەوەی تێدایە وشەکان وەربگرێت. ئەمەش واتەی ئەوەیە کە دەڕۆینە بەردەم خودا و پێی دەڵێین: "ئەی یەزدان، تۆ مامۆستای، من قوتابیم. من ڕێگەتدەدەم کە فێرم بکەیت. گوێم شلدەکەم و گوێ دەگرم."

کاتێک دێینە سەر ئەوەی کە گوێمان شلبکەین، دەبێت ڕووبەڕووی ئەو ڕاستییەش ببینەوە کە زۆربەمان ڕێگری دەروونی هەیە کاتێک دەستدەکەین بە خوێندنی وشەی خودا (کتێبی پیرۆز). هۆکاری ئەو ڕێگری و لەمپەرانەش زۆرتر دەگەڕێتەوە بۆ پاشخان(باکگراوند)مان. هەندێکمان لە ڕابردوودا تێکەڵی چەند گروپ و دەستەیەکی تایبەت بووین. لەوانەیە لەکاتی ئێستاشدا ئەندامێکی چالاکی ئەو دەستە و گروپانە بیت. من دژی دەستە و گروپ نیم، بەڵام نابێت ئەو ڕاستییەشمان بیر بچێت کە هەر دەستە و تاقم و گروپێک خاڵی لاواز و بەهێزی خۆی هەیە. کاتی وا هەبووە کە دڵسۆزانە ڕاستیی پاراستووە و کاتی واش بووە نەیپاراستووە. ئەگەر بێتو بەپێی پاشخانی دەستە و گروپەکەمان خودا هەڵسەنگێنین و بینرخێنین، ئەگەر هاتوو کتێبی پیرۆزمان بەپێی فێرکردن و وانەکانی کەنیسە و دەستە و تاقمەکانەمان هەڵسەنگاند، ئەوا زۆرێک لەو ڕاستییانە لەدەست دەدەین کە خودا دەیەوێت بیزانین و لەڕاستیدا دەبنە هۆکاری بەرەکەت و هاوکاریکردنمان.

بۆ نموونە، هەندێک کەنیسە دەڵێن کە سەردەمی پەرجوو بەسەرچووە. تا ئێستاش نەمتوانیوە هیچ بنەمایەک بۆ ئەم قسەیە لە کتێبی پیرۆزدا پەیدابکەم (واتە کتێبی پیرۆز شتی واتی نەگوتووە). بەڵام

دەتوانم چەند ئایەت بێنمەوە کە ڕێک پێچەوانەی ئەو بۆچوونەی ئەوانە. ئەگەر هاتوو باوەڕت بەوە کرد کە سەردەمی پەرجوو بەسەرچووە، ئەوا کاتێک خودا بەڵێنی پەرجوویێکت دەداتێ، بە شیمانەیەکی زۆر، تۆ ناتوانی ببیستی و ببینی.

هەندێک گروپ و دەستە هەن کە پێیان وایە تاکە ڕێگەی پیرۆزبوون ئەوەیە کە دەبێت هەژار و نەدار بیت. بەڕادەیەک کە پێیان وایە ئەگەر هەژار نەبیت ئەوا گوناهباریت. لەڕاستیدا، ئەگەر خودا بیەوێت لەڕووی داراییەوە بەرەکەتدارت بکات و ژیانێکی خۆشت پێببەخشێت- وەکو چۆن زۆر جار لە کتێبی پیرۆزدا ئاماژەی پێکراوە- ئەوا دەیکات و ئەوە ویست و ئیرادەی خودایە. بەڵام ئەگەر بێتو تۆ بڵێی کە هەر دەبێت هەژار و نەدار بم، ئەوا ئەوکات ئەو خۆشگوزەرانی و بەرەکەیەتی خودا لەدەستدەدەیت کە لە کتێبی پیرۆزدا ئاماژەی پێکردووە. (سێیەم یۆحەنا ۲) ئەو ئایەتەیە کە باوەڕم وایە هەر یەک لە ئێمە دەبێت وەکو ناوی خۆی ئەزبەری بێت:

"[۲]ئەی خۆشەویست، نوێژ دەکەم کە لە هەموو شتێکدا سەرکەوتوو بیت و تەندروستیت باش بێت، هەروەک دەروونت سەرکەوتووە."

باشم لەبیرە کە یەکەم جار ئەم ئایەتەم خوێندەوە، چۆن تاسام و سەرم سوڕما. دەستبەجێ دەمارگیری و فکر و بیرۆکە پێشینەکانم سەریانهەڵدایەوە. لەبەر خۆمەوە گوتم: "مەحاڵە، ئەمە ئەو مەبەستەی نییە کە دەیڵێت." بەڵام خودا دەفەرموێ، گوێ شل کە و گوێ ڕابگرە. مشتومڕم لەگەڵ مەکە، واز لە دەمارگرژی و بیرۆکە پیشەنەکانت بێنە. گەردنت نەوی بکە و ڕێگەم بدە فێرت بکەم."

ئەمە یەکێکە لە مەرجە سەرەکییەکانی شیفاوەرگرتن لەڕێگەی کتێبی پیرۆزەوە. واتە دەبێت واز لە دەمارگرژی و بیر و فکرە کۆنەکان بێنین، ملمان دانەوێنین، گوێمان بکەینەوە، بەباشی گوێ لە خودا بگرین، هەروەها نابێت وشەی خودا ڕەتبکینەوە بەس لەبەرئەوەی لەگەڵ ئەو شتە ناگونجێت کە ئێمە چاوەڕێیمان دەکرد ببیستن و لەگەڵ مێشکماندا یەکناگرێتەوە. خودا لە هەموو دەستە و گروپ و تاقمێکی ئایینی زۆر گەورەترە. خودا زۆر لە تێگەیشتنی ئێمە گەورەترە. خودا لە هەموو دەرمارگرژییەکی ئێمە زۆر گەورەترە. خودا بچووک مەکەوە بەوەی کە پێتوابێت ناتوانێت یارمەتیت بدات. گوێ ڕابگرە و بەباشی گوێ لە خودا بگرە و بزانە کە چەندە ئامادەیی ئەوەی تێدایە کاری زۆر مەزنترت بۆ بکات.

بەشی چوارەم

ڕێگەمەدە لەبەرچاوت دووربکەونەوە

وەک دەزانین باسی دوان لە ڕێنماییەکانی چۆنیەتی وەرگرتنی شوشەی دەرمانی یەزدانمان کرد کە بریتی بوون لە: **"سەرنج بدە وشەکانم و گوێ ڕابگرە."** ئێستاش کاتی ئەوەیە کە بڕۆینە سەر سێیەم ڕێنمایی؛ **"ڕێگەمەدە لەبەرچاوت دووربکەونەوە."** واتە، مەهێڵە وشەی خودا لەبەرچاوت دووربکەونەوە.

"سەرنجدان" کلیلە بیرۆکەی وەرگرتنی ئەم ڕێنماییەیە. یەکێک لە کارە ناوازەکانی چاوی مرۆڤ ئەوەیە کە سەرەڕای ئەوەی دوو چاومان هەیە بەڵام بە سەرنجدان دەتوانین یەک وێنە دروست بکەین. بەشێوەیەکی سروشتی، ئەگەر تەنانەت بیناییشت باش بێت، بەڵام بەهەڵە سەرنجدان لێڵی دروستدەکات. باوەڕم وایە کە لە دنیای ڕۆحیدا خەڵکێکی زۆر لەگەڵ ئەم کێشەیەدا دەستوپەنجە نەرم دەکەن. ئەو کەسانە هێشتا فێری ئەوە نەبوون کە بینایی ڕۆحییان میزان بکەن، هەربۆیە شتە ڕۆحییەکان بە لێڵی دەبینن.

پێم وایە کە مرۆڤگەلێکی زۆر پێیان وایە کە دنیای ڕۆحی، ڕاز و نهێنییە، دەکرێت ڕاست بێت و دەکرێت هەر بوونیشی نەبێت، ناڕوونە و هیچ فۆرم و شکڵێکی نییە. لەڕاستیدا ئەم جۆرە کەسانە دەرک دەکەم، چونکە منیش پێش ئەوەی بەتایبەتی مەسیح بناسم، بە هەمان شێوە لە دین و ئایینم دەڕوانی. پێم وابوو کە دین جۆرە تەم و هەڵمێکی تایبەتە کە تەنیا لە بینا کۆنەکانی کەنیسەدا بەدیدەکرێت و ئەگەر بێتوو زۆر بەختم هەبێت ئەوکات پێدەچێت ئەو تەمە بێتە سەر منیش؛ بەڵام هەرگیز ئەوە ڕووینەدا و ئەو تەمە نەهاتە سەر سەرم. لەدوای ئەوە ئیتر گرنگیم بەو بابەتە نەدا و چووم و هانام بۆ فەلسەفە برد. بەڵام ئەمە ئەو ڕاستییەی نەگۆڕی کە هەتا چاوی ڕۆحیمان ڕوون نەکەینەوە نەکەین، هەمیشە ڕاستییە ڕۆحییەکان بە لێڵی دەبینین. با سەیرێکی وتەکانی مەسیح بکەین لەبارەی ڕوانینی ڕۆحییەوە.

"[٣٤]چاوت چرای جەستەتە. کاتێک چاوت ساغ بێت ئەوا جەستەت هەمووی ڕووناکییە، کە نەساغیش بێت ئەوا جەستەت هەمووی تاریکییە" (لۆقا ١١: ٣٤).

لێرەدا مەسیح باسی شتێک دەکات کە کاردەکاتە سەر هەموو جەستە. ئەم ئایەتە دەستبەجێ ئایەتێکی بەشی چواری کتێبی پەندەکانی سلێمانی بیر هێنامەوە کە دەڵێت وشەی خودا دەرمانە بۆ جەستەمان و تەندروست ڕاماندەگرێت. مەسیح لە (لۆقا ١١: ٣٤)دا باسی ئەوە دەکات کە دەبێت چۆن لەگەڵ چاودا مامەڵە بکەین. **"کاتێک چاوت ساغ بێت ..."** واتە چاو یەک وێنە دروست دەکات. هەبوونی دوو چاو واتای ئەوە نییە کە سەیری دوو ئاراستەی جیاواز دەکەین، بەڵکو هەر دوو چاوەکە یەک وێنە دروست دەکەن و لەسەر یەک شت ڕادەمێنن. پاشان مەسیح بەردەوام دەبێت و دەڵێت کە ئەنجامی ساغبوونی چاو لە هەموو جەستەدا دەردەکەوێت: **"کاتێک چاوت ساغ بێت ئەوا جەستەت هەمووی ڕووناکییە."**

من باوەڕم وایە کە نەخۆشی لە جەستەیەکی ڕووناکدا جێی نابێتەوە. هەروەها باوەڕم وایە کە تاریکی و ڕووناکی لە یەک شوێندا پێکەوە کۆنابنەوە. نەخۆشی لە تاریکییەوە سەرهەڵدەدا؛ بەڵام ڕووناکی سەرچاوەی سەلامەتی و ساغییە. لە (مەلاخی ٤: ٢)دا دەیخوێنینەوە:

"[٢]ئەی ئەوانەی لە ناوەکەم دەترسن، بەڵام ئێوە خۆری ڕاستودروستیتان لێ هەڵدێت و تیشکەکانی دەبێتە هۆی چاکبوونەوە....."

دەزانین کە خۆر بەشێوەیەکی سروشتی سەرچاوەی ڕووناکییە. کاتێک خۆر هەڵدێت، دوو بەرهەمەکەی ڕووناکی بریتییە لە ڕاستودروستی و چاکبوونەوە. واتە ڕووناکی سەرچاوی ڕاستودروستی و چاکبوونەوەیە. پێچەوانەی ڕاستودروستی بریتییە لە گوناە؛ هەروەها دەزانین کە نەخۆشی پێچەوانەی چاکبوونەوەیە. گوناە و نەخۆشی لە تاریکییەوە پەیدادەبن، بەڵام ڕوناکی سەرچاوەی ڕاستودروستی و چاکبوونەوەیە. مەسیح دەفەرموێ: **"کاتێک چاوت ساغ بێت ئەوا جەستەت هەمووی ڕووناکییە، کە نەساغیش بێت ئەوا جەستەت هەمووی تاریکییە." واتە،** هەمووی پەیوەستە بە هەبوونی چاوێکی ساغ و سەلامەتەوە.

ئەو وشەی یۆنانییەی کە لێرەدا بە "ساغ" وەرگێڕدراوە، لەڕاستیدا چەندین واتای هەیە. من لێرەدا زۆر بە وریاییەوە واتاکانی دیکەی باسدەکەم. یەکێک لە واتا بنەڕەتییەکانی برتییە لە "سادە و دڵسۆز." لەڕاستیدا پێم وایە ئەمە بابەتەکەمان بۆ ڕوون دەکاتەوە. ئەگەر چاوت سادە یان دڵسۆز بێت، هەروەها شتەکان بەو جۆرە ببینیت کە نووسراون، ئەوا زۆر زیرەکانە و فەیلەسفیانە کارت نەکردووە؛ واتە زۆر ڕێگەی جیاوازی ڕوونکردنەوە نازانیت، تاکو بەو هۆیەوە لە گرنگی و نرخی دەقەکە کەم بکەیتەوە، بەڵکو ئەوە لە دەقەکە وەردەگریت کە دەقەکە مەبەستییەتی بیڵێت.

پێشتر ئاماژەم بەوە کرد کە دووەم ڕێنمایی دەڵێت: **"گوێ ڕادێرە،"** واتە ملی ڕەقت نەوی بکە و ئامادەی گوێگرتن بە. چەندین لەمپەر و کۆسپی ئاسایی دیاریکراو لەبەردەم گوێ ڕادێراندا هەن. من باسی دوانیانم کرد، ئەوانیش؛ دەرمارگیری و بیرۆکە و فکرە کۆنەکان بوون. بە واتایەکی دیکە، ئێمە پێمان وایە کە پێشوەخت دەزانین خودا چیمان پێدەڵێت، هەربۆیە ئامادە نین گوێی لێ بگرین.

ڕێنمایی سێیەم باسی سادەیی و دڵسۆزی دەکات. پێم وایە ئەو دوو شتەی کە ڕێگر و لەمپەرن لەبەردەم ئەم ڕێنماییەدا بریتین لە پاساو هێنانەوە و بەهەڵەدابردن. ترس دامدەگرێت کاتێک گوێم لە وتاربێژ و قەشەکان دەبێت وتەی شارەزا و زانایانی نامەسیحی و دونیایی دێننەوە؛ بەتایبەتی کاتێک کە هەوڵی سەلماندنی ڕەسەنبوونی کتێبی پیرۆز دەدەن. من لەو باوەڕەدا نیم کە کتێبی پیرۆز پێویستی بەوە بێت لەلایەن شارەزا و زانایانی نامەسیحییەوە ڕەسەنبوونی بسەلمێنرێت. هەرچۆنێک بێت، ئەوە نابێتە هۆی چاندنی باوەڕ لە دڵی خەڵکدا. وەک پێشتریش ئاماژەم پێکرد کە باوەڕ بە گوێگرتن لە وشەکانی خوداوە دێت. هەرشتێک بۆ ماوەیەکی زۆر لە گوێگرتنی وشەکانی خودا دوورمان بخاتەوە ئەوا نابێتە هۆی بنیاتنانی باوەڕ. دەبێت بەو چاوە سەلامەتە سادە و دڵسۆزەوە کتێبی پیرۆز بخوێنینەوە کە دەڵێت: "خودا ئەمە دەفەرموێت، ئەمە مەبەستەکەیەتی، هەروەها بەو جۆرەی کە نووسراوە باوەڕم پێیەتی."

بیر لە ئەزموونی نەخۆشخانەم دەکەمەوە. ئەوکات مامۆستای فەلسەفە بووم لە زانکۆ، زمانی یۆنانی و لاتینیم دەزانی و دەمتوانی وتەی درێژ و گرنگی چەندین کتێب بە نموونە بێنمەوە. نەخۆش بووم و لە نەخۆشخانە کەوتبووم، لەو کاتەدا بە مەبەستی چاکبوونەوەم لەڕێگەی کتێبی پیرۆزەوە ڕێگایەکی

زۆر سادە و ئاسانم پێشکەشکرا، ئەویش وەرگرتنی کتێبی پیرۆز بوو وەکو دەرمان. ئێستا ئەم قسەیە بەلای مێشکی فەلسەفییەوە شتێکی تەواو بێمانا و گاڵتەجاڕانەیە! بۆیە خۆتی لێ لادەدەیت. بەڵام ڕاستییەک هەیە کە دەبێت باسبکرێت، ئەویش ئەوەیە کە فەلسەفە منی چاک نەکردەوە. هەربۆیە دوو ڕێگەی ڕوونی دیکەم لەبەردەستبوو، یان ئەوەتا زیرەک بم و نەخۆش، یان سادە بم و ساغ و سەلامەت. ئەوەی کە لەو کاتەوە تا ئێستا هەمیشە دڵم پێی خۆشە ئەوەیە کە ئەوەندە سادەبووم کە بتوانم چاکبمەوە.

کەواتە ئێستا ئەم خاڵەمان بەلاوە ڕوونە: ئەگەر چاوت سادە و دڵسۆز بێت، زۆر نەچیتە ناو قووڵایی بابەتەکان، زۆر بەدوای هۆکارەکان نەکەویت، نەتوانیت وتەی کۆمەڵێکی زۆر زانا و شارەزا بە نموونە بێنیتەوە، ئەوا دەرفەتێکی باشترت دەبێت بۆ زیاتر ناسینی خودا. ببوورن کە ئەمەم گوت، بەڵام ئەزموونی چەندین ساڵەم ئەمەی بۆ سەلماندووم و باوەڕی تەواوم پێیەتی. خواناسی و لاهوت بەگشتی یارمەتی پتەوکردنی باوەڕی مرۆڤەکان نادات.

لە کۆتاییدا ڕێگەم بدەن کە دوو دەقی پۆڵسی نێردراو لەم بارەیەوە بێنمەوە. ئەوەت بیر نەچێت کە لێرەدا باسی جۆرێک لە سادەیی دەکەین کە مرۆڤی دنیایی بەلایەوە شتێکی گێلانە و بێمانایە.
پۆڵس لە (یەکەم کۆرنسۆس ١: **٢٥**)دا دەڵێت:
"[25] گێلایەتی خودا لە مرۆڤ داناترە، لاوازی خودا لە مرۆڤ بەهێزترە."

پۆڵس لێرەدا بەتایبەتی باسی خاچ دەکات. خاچ لە کەلتوری ئەو سەردەمەی مەسیحدا، نیشانەی گەمژەیی و لاوازی بوو، بەڵام هەر لەڕێگەی ئەو لاوازییەوە بوو کە تواناداری و مەزنیەتی خودا دەرکەوت. لەڕێگەی گێلایەتی و گەمژەیی خاچەوە بوو کە دانایی شاراوەی یەزدان دەرکەوت. کەواتە دەبێت بەرەو شتی زۆر لاواز و گێل هەنگاوبنێین تاکو دانایی و هێز و توانای یەزدان بەدەستبێنین.

ئەگەر سەیری دەقی (یەکەم کۆرنسۆس **٣**: ١٨) بکەین، دەبینین کە پۆڵس باسی شتێکی زۆر سەرنجڕاکێش دەکات. (دەزانم کە پۆڵس مەبەستی لەو کەسانەیە کە پاشخانێکی فەلسەفییان هەیە وەک چۆن من لەڕێگەی خوێندنەوە فێری ببووم، زۆر بە باشی پۆڵس دەرک دەکەم.)

"۱۸ با کەس خۆی هەڵنەخەڵەتێنێت. ئەگەر یەکێک لەنێوتان خۆی بە دانای ئەم دنیایە دەزانێت، با ببێتە گێل تاکو بەڕاستی ببێتە دانا."

دەبینین بۆشاییەکی زۆر گەورە، کە بۆشایی بێفیزی و خۆبەکەمزانینە کەوتوەتە نێوان دانایی ئێمە و دانایی خوداوە. پێویستە دانایی و ژیریی دنیایی وەلاوە بنێین و لەبەرچاوی دنیا ببینە گێل، تاکو بتوانین بڕۆینە ناو دانایی یەزدانەوە.

تا ئەو قۆناغە، ڕوبەڕوی دوو بژاردە بوومەوە. یان ئەوەتا دنیا منیان بە زانایەکی نەخۆش دەبینی، یاخود بە گێلێکی ساغ و سەلامەت. لەڕاستیدا دەبێت ئەوە بڵێم کە من ئەو کاتە زانا بووم کە گێل و ساغ_و سەلامەت بووم نەوەک ئەوکاتەی کە زیرەک و نەخۆش بووم. ڕاستە ئەمە بابەتێکی تا ڕادەیەک ئاڵۆز و تێکەڵە، بەڵام من باسی ئەوە دەکەم کە پۆڵس ئاماژەی پێکردووە: "ئەگەر لەم جیهانەدا زانایت، دەبێت ببیت بە گێل، چونکە گێلیی خودا زۆر زاناترە لە دانایی مرۆڤ."

بەم جۆرە دەتوانی ئەوەی کە لەم بەشەدا باسمان کرد جێبەجێ بکەیت: **"ڕێگەمەدە لەبەرچاوت دووربکەونەوە."** با چاوت سادە و دڵسۆز بێت. کتێبی پیرۆز بەو جۆرە بخوێنەوە کە نووسراوە و واتاکەی بەو جۆرە وەربگرە کە دەیڵێت.

بەشی پێنجەم

لە ناخی دڵتدا بیانپارێزە

دیارە کە پێشوەخت باسی سیان لە ڕێنوێنییەکانی چۆنیەتی وەرگرتنی وشە و پەیامی خودامان کرد، ئێستاش کاتی ئەوەیە کە باسی چوارەم و کۆتا ڕێنوێنی بکەین کە بریتییە لە **"لە ناخی دڵتدا بیانپارێزە."**

ئەم ڕێنوێنییە بەلای منەوە ڕاستییەکی حاشاهەڵنەگر و ڕوونە، چونکە پێش هەموو شتێک لەڕێگەی ئەم دەقەوە چاکبوونەوەم لە نەخۆشی تەجرەبە کرد، دواتر بۆ ماوەی پێنج ساڵ ڕاگری کۆلێژێکی ڕۆژهەڵاتی ئەفریقا بووم کە ئەرکمان بەرزکردنەوەی ئاستی مامۆستا ئەفریقییەکان بوو بە مەبەستی خزمەتکردنی باشتری قوتابخانەکان. هەربۆیە، بێگومان دەبوا خۆم فێری هەندێک لە بنەما سەرەکییەکانی وانەگوتنەوە بکردبا. یەکێک لەو بنەما سادە و ساکارانەی کە تاقیمانکردەوە بەمەبەستی تێگەیاندنی قوتابییەکان بریتی بوو لەوەی کە لەلای ئێمە بە "دەرەچەی گوێ و چاو" ناسرابوو. کاتێک دەتەوێت سەرنجی تەواوی قوتابییەک بەلای خۆتدا ڕابکێشیت، دەبێت کەڵک لە هەموو دەرفەتێک وەربگریت. گوێگرتن بە تەنیا بەس نییە، بەڵکو دەبێت ئەو منداڵە بە چاوی خۆی وانەکە ببینێت. لەڕاستیدا بە مامۆستاکانمان دەگوت کە قوتابی نابێت تەنیا وانەکە ببیستێت و ببینێت، بەڵکو دەبێت بەشێوەیەکی کردەیی بەشداری تێدا بکات؛ واتە هەر سێ کاری بیستن و بینین و ئەنجامدان دەگرێتەوە.

بەڕاستی مایەی بەرەکەتە بۆ من کە دەبینم یەزدان لەم دەقەی پەندەکانی سلێماندا، سێ هەزار ساڵ لەمەوپێش پێشبینی حاڵەتی دەرونی مرۆڤی هاوچەرخی کردووە. یەزدان دەفەرموێ: "گوێ ڕابگرە، ڕێگە مەدە لەبەرچاوت دوور بکەونەوە، ئەوکات دێنە ناو قوڵایی دڵتەوە." دەبینی کە ڕۆیشتنی وشەکان بەناو دەرەچەی گوێ و چاوەوە بۆ گەیشتنە بەو خاڵە هەرە گرنگ و بنەڕەتییەی کەسایەتیی مرۆڤ کە کتێبی پیرۆز بە دڵ ناوی دەبات؛ کاتێک گەیشتنە دڵ، ئەوەی کە بەڵێن دراوە ئەنجامی دەدەن. بەڵام ئەگەر نەگەنە دڵ، ئەوا هیچ ئەنجامێکیان نابێت.

هەندێک جۆری لەو دەرمانانەی کە بەکاریدێنیت، دەبێت بگەنە خوێن تاکو کاریگەرییان هەبێت.

دەکرێت تۆ دەرمانەکە بەکاربێنیت، بەڵام ئەگەر نەگاتە خوێن، ئەو کارە ناکات کە دەبوا بیکردبا، واتە هیچ سوودێکی نابێت. دەرمانی خوداش بە هەمان شێوەیە، کاریگەری نابێت مەگەر ئەوەی کە بگاتە دڵ. سێ ڕێنماییەکەی پێشتر باسی ئەوەی دەکرد کە دەرمانەکە بگاتە شوێنەکەی خۆی کە دڵە و ئەو کارە بکات کە پەیمان دراوە بیکات. پاشان دەڵێت: "لە ناخی دڵتدا بیانپارێزە."

پاشان ئایەتی دواتر دێت، کە یەکێکە لە قوڵترین ئایەتەکانی کتێبی پیرۆز. (پەندەکانی سلێمان **٤: ٢٣**) دەڵێت:

"[٢٣]لە سەرووی هەموو شتێکی دیکەوە دڵت بپارێزە، چونکە دڵ سەرچاوەی ژیانە."

چ ئایەتێکی قووڵ و پڕ واتایە: "... **دڵ سەرچاوەی ژیانە.**" دیسان ڕۆژهەڵاتی ئەرفریقام کەوتەوە بیر. یەکێک لە قوتابییەکانم ئەم ئایەتەی بە شێوەزارەکەی خۆی کە پێی دەوترا (لۆرلاگۆلی) لەسەر دیواری ژووری بەشە ناوخۆییەکەی نووسیبووەوە. تەنها ئەوەندەم لەو شێوەزارە دەزانی کە بتوانم بیخوێنمەوە، نووسرابوو "**بە هەموو هێز و تواناتەوە دڵت بپارێزە، چونکە هەموو شتێکی ئەم ژیانە لە دڵەوە پەیدا دەبێت.**" وەرگێڕانێکی زۆر سادە و جوان و ڕوون.

ئەم بەشەی ئایەتەکە هەرگیز لێم ون نەدەبوو و هەمیشە لەسەر زارم بوو: "**... هەموو شتێکی ئەم ژیانە لە دڵەوە پەیدا دەبێت.**" بە واتایەکی دیکە، ئەوەی کە لە دڵتدایە، بڕیار لەسەر ئەوە دەدات کە لە ژیانی ڕۆژانەتدا تەجرەبەی چی بکەیت و ڕووبەڕووی چی ببیتەوە. ئەگەر دڵت شتی دروستی تێدا بێت، ئەوا ژیانت باش و دروست دەڕوات، بەڵام ئەگەر شتی هەڵە و خراپ لە دڵتدا بێت، ئەوا ژیانت خراپ دەبێت. ئەوەی کە لە دڵتدایە شێوازی ژیانت دیاری دەکات. لەم بارەوە یەزدان دەفەرموێ: "ئەگەر دەتەوێت دەرمان و وشە و وتەکانم ئەو کاریگەرییەیان هەبێت کە من پەیمانم داوە، ئەوا دەبێت بگەنە قوڵایی دڵت و لەوێ بیانپارێزی." لە قوڵایی دڵت بیانپارێزە؛ واتە لە دەوروبەری دڵت نە، بەڵکو لە ناخی دڵت. لە چەقی هەموو ژیان و کەسایەتیتدا بیانپارێزە. ئەوکات کاریگەری دەبێت لەسەر تەواوی ژیانت.

لە کۆتایی ئەم بابەتەدا و بە مەبەستی ڕوونکردنەوەی زیاتری، حەزدەکەم دەقێکی هاوتای پەندەکانی سلێمان لە پەیمانی نوێ بێنمەوە. (عیبرانییەکان ٤: ١٢) باسی سروشتی وشەی خودا و چۆنیەتی کارکردنی لە ئێمەدا دەکات. بۆ ئەوەی تەواو لە واتای ئەم ئایەتە بگەین و باسی هەندێ وشەی تایبەت بکەین، حەزدەکەم بە دوو شێوە وەرگێڕانی جیاواز بیخەمە بەردەستان.

"چونکە پەیامی خودا زیندووە، کاریگەرە، لە هەموو شمشێرێکی دوودەم تیژترە، دەتوانێت نێوانی دەروون و ڕۆح و جومگە و مۆخی ئێسک ببڕێت و جیایان بکاتەوە، هەروەها نیاز و بیری دڵ جیا دەکاتەوە." *(وەرگێڕانی کەی جەی ڤی)*

"چونکە پەیامی خودا زیندووە، کاریگەرە، لە هەموو شمشێرێکی دوودەم تیژترە، دەتوانێت نێوانی دەروون و ڕۆح و جومگە و مۆخی ئێسک ببڕێت و لەیەکیان بکاتەوە، هەروەها دەتوانێت حوکم بدات بەسەر نیاز و فکرەکانی دڵدا." *(وەرگێڕانی ئێن ئەی ئێس)*

ئەگەر بڕیاربێت بە یەک وشە ئەم باسە ببڕێنمەوە، وابزانم "بڕین (چوونە ناو)" هەڵدەبژێرم. وشەی خودا هەموو شتێک دەبڕێت. لەڕاستیدا دەچێتە ئەو شوێنەی کە هیچ شتێکی دیکە ناتوانێت بچێت. ئێمە لەسەر ئەوە ڕاهاتووین و زۆرمان بیستووە کە دەڵێن چەقۆی نەشتەرگەری دکتۆر تیژە و نووکەکەی ئەوەندە ناسک و حەساسە کە دەتوانێت زۆر بە هێواشی و لەسەرخۆ هەموو خانەیەکی مرۆڤ ببڕێت. بەڵام وشەی خودا دنیا و جیهانێکی دیکە دەبڕێت؛ وشەی خودا دەچێتە نێوان دەروون و ڕۆحەوە، هەروەها خۆی دەگەیەنێتە قووڵترین بنەوانی کەسایەتیمان. وشەی خودا شتی وامان لە کەسایەتیمان بۆ دەردەخات کە خودی خۆمان بەتەواوی لێی تێناگەین و سەری لێ دەرناکەین. هەروەها جومگە و مۆخی ئێسک دەبڕێت. وشەی خودا نەک تەنیا کاردەکاتە سەر جەستەمان بەڵکو کاردەکاتە سەر ڕۆحیشمان. واتە، هیچ شوێنێک نییە لە هەرێمی ڕۆحی و جەستەیی مرۆڤ کە وشەی خودا نەیبڕێت و کاری تێنەکات.

ئەگەر مۆخی ئێسکەکانت یان جومگەکانت کێشەی هەبوو، هیچ دەرمان و بابەتێکی مرۆیی نەیتوانی چاکت بکاتەوە، نیگەران مەبە چونکە وشەی خودا دەتوانێت بگاتە ئەوێ و چاکت بکاتەوە. ئەگەر

کێشەیەکی دەروونی قووڵت هەیە کە دکتۆری دەرونی ناتوانێت چارەسەری بکات ئەوا نیگەران مەبە، وشەی خودا دەتوانێ بگاتە ئەوێش؛ وشەی خودا توانای بڕین و گەیشتن بە هەموو شوێنێکی هەیە.

بابەتی گرنگ لێرەدا ئەوەیە کە دەبێت وشەی خودا بەو جۆرە وەربگرین کە خودا داوامان لێدەکات. پێویستە وشەکانی خودا بەوپەڕی سەرنج و بە هەڵسوکەوتێکی خۆنزمگرەوە وەربگریت؛ هەروەها دەبێت ئامادەیی تەواومان تێدا بێت بۆ فێربوونی وشەکانی. دەبێت لەمپەر و کۆسپەکانی وەکو دەمارگیری و فکرە کۆنەکان لە مێشکماندا لاببەین و بە چاوێکی ساغ و سەلامەت و دڵسۆز و دڵنیاوە تەماشای وشەکانی خودا بکەین؛ نابێت دەمەدەمێ و زۆربڵێیی بکەین و گریمانەی زۆر بێنینە بەرباس. وشەکانی خودا بەو جۆرە وەربگرە کە مەبەستییەتی بیڵێت. هەروەها دەبێت لەمپەر و دیواری وەکو عەقڵانی بوون و گفتوگۆی چەوت بڕوخێنیت، ئەوکات دەبینیت کە وشەی خودا دێت و کاری خۆی دەکات.

نوێژی کۆتایی

لە کۆتایی ئەم کتێبەدا ئەگەر بکرێت دەمەوێ لە یەزدان بپاڕێمەوە و ئەم نوێژەت بۆ بکەم:

"ئەی باوکی ئاسمانی، سوپاسگوزارم و ستایشت دەکەم لەبەرئەوەی ڕێگەت دا خەڵکانێک ئەم کتێبە بخوێننەوە کە پێویستی جەستەیی و ڕۆحییان هەیە کە تەنیا وشەکانی تۆ دەتوانێت ئەو کێشانەیان لەکۆڵ بکاتەوە. نوێژ دەکەم کە وشەکانی تۆ بچێتە ناویانەوە و ئەوی کە پێویستە بۆیان ئەنجام بدات، لەوانە: باوەڕیان پتەو بکات، شیفایان بدات، ڕزگاریان بکات، ئاشتی و خۆشی و ئارامییان پێببەخشێت. بە ناوی عیسای مەسیحی پەروەردگارمان، ئامین.

خوێندنی کەسی

پرسیارەکانی خوێندنی تایبەت بە کتێبی "دەرمانی یەزدان"

(١) ئەم بۆشاییانەی خوارەوە پڕ بکەوە.

a) (پەندەکان ٤: ٢٠- ٢٢) باسی سێ ڕێنمایی وەرگرتنی وشە (دەرمان)ی خودا دەکات، ئەوانیش:

سەرنج بدە ....

.... بۆ قسەکانم ڕابگرە

ڕێگەمەدە لە .... دووربکەونەوە

لە ناخی .... بیانپارێزە

b) "سەرنج بدە وشەکانم." دەبێت ئەوە بزانین کە کاتێک خودا قسەمان لەگەڵ دەکات، پێویستە ئێمە بە تەواوی .... بدەین.

c) یەزدان دەیەوێت خۆی دکتۆری ئێمە بێت. کلیلی یەکەم و بنەڕەتی بۆ وەرگرتنی شیفا و چارەسەر .... ە لە وشەی خودا. پێداگرییەکە لەسەر بیستنی وشەی خودایە. دەبێت ....ی تەواوی خۆمان بدەینە خودا.

d) (ڕۆما ١٠: ١٧) پێمان دەڵێت کە .... لە بیستنی وشەکانی خوداوە دێت. ئەوە باوەڕە کە توانای ئەوەمان دەداتێ کە بتوانین .... ببینەوە کە لەڕاستیدا لەڕێگەی گوێگرتن لە وشەی خوداوە دێت.

e) "گوێ ڕابگرە" واتە هەبوونی هەڵسوکەوتێکی دروست لەکاتی خوێندنەوەی وشەی خودا. دەبێت .... و ....

(٢) ڕاست و چەوتی ئەمانەی خوارەوە دیاری بکە.

دەبێت بە دڵنەرمی و خۆبەکەمزانینەوە وەریبگرین و هاروهاجی و لاساری وەلاوە بنێین.

a) "دڵنەرمی و خۆبەکەمزانین" واتە:

_____ بێفیزی
_____ ئامادە بێت بۆ فێربوون
_____ چاونەترس
_____ خۆ بەزلزان
_____ بەڕێز
_____ هەژار

b) "هاروهاجی و لاساری" واتە:

_____ دەمەدەمێ کردن
_____ ئامادە بێت بۆ فێربوون
_____ دەمارگیری
_____ خۆ بەزلزان
_____ ئامادەی فێربوون نەبێت
_____ هەبوونی بیرۆکە و فکری کۆن

(٣) ئەم بۆشاییانەی خواروە پڕبکەوە.

A. "ڕێگەمەدە لەبەرچاوت دوور بکەونەوە" بریتییە لە سێیەم مەرج کە باسی چاومان دەکات. لە (لۆقا ١١: ٣٤)دا مەسیح باسی ئەوەی کردووە کە .... ڕووناکی جەستەیە. ئەگەر چاوت ساغ بێت، واتە میزان و ڕێک بێت، ئەوا .... پڕ دەبێت لە ڕووناکی.

B. ئەگەر تەواوی جەستە پڕبێت لە ڕووناکی، لە ئەنجامدا ڕاستودروستی و چاکبوونەوە وەردەگریت. گوناە و نەخۆشی بەرهەمی ....ن.

(٤) ئەمەی خوارەوە ڕاستە یان هەڵە؟

دەبێت کتێبی پیرۆز بە چاوێکی ساغەوە بیخوێنینەوە کە سادە و ساکار و دڵسۆز بێت. ....

(٥) ئەم بۆشاییانەی خوارەوە پڕبکەوە.

a) نووسەری ئەم کتێبە کە دێرک پرنسە، هانمان دەدات کە .... دنیایی وەلاوە بنێین. دەبێت لە بەرچاوی .... ببینە گێل تاکو بەڕاستی بچینە ناو دانایی یەزدانەوە.

b) ڕۆیشتنی وشەکان بەناو دەرەچەی گوێ و چاوەوە بۆ گەیشتنە بەو خاڵە هەرە گرنگ و بنەڕەتییەی کەسایەتیی مرۆڤە کە کتێبی پیرۆز بە ...... ناوی دەبات.

c) شوشەی دەرمانی یەزدان تەنیا ئەو کاتە کاریگەری دەبێت کە دەگاتە ....

d) (پەندەکانی سلێمان ٤: ٢٣) پێمان دەڵێت کە دڵ سەرچاوەی هەموو شتێکی ژیانە. دەبێت لەوێدا ....

e) وشەی خودا جەستە و دەروون و ڕۆح و ئەوپەڕێ کەسایەتیمان دەبڕێت و دەگاتە هەموو شوێنێک. کەواتە هیچ نەخۆشییەک نییە کە .... دەستی پێی نەگات و نەتوانێت بیبڕێت.

وەڵامی خوێندنی کەسی

وەڵامی پرسیارەکانی خوێندنی تایبەت بە کتێبی "دەرمانی یەزدان"

(١) ئەم بۆشاییانەی خوارەوە پڕ بکەوە.

f)

وشەکانم

گوێ

چاوەکانت

دڵتەوە

g) سەرنج

h) گوێگرتن، سەرنج.

i) باوەڕ، چاک

j) ئامادی فێربوون بین و خۆمان بە کەم بزانین

(٢) ڕاست و چەوتی ئەمانەی خوارەوە دیاری بکە.

c)

(چەوت) خۆ بەزلزان، بەڕێز، هەژار

(ڕاست) بێفیزی، ئامادە بێت بۆ فێربوون، چاونەترس

d)

(چەوت) ئامادە بێت بۆ فێربوون

(ڕاست) خۆ بەزلزان، ئامادەی فێربوون نەبێت، هەبوونی بیرۆکە و فکری کۆن، دەمەدەمێ کردن، دەمارگیری

(٣) ئەم بۆشاییانەی خوارەوە پڕبکەوە.

C. چاو، تەواوی جەستە

D. تاریکی

(٤) ئەمەی خوارەوە ڕاستە یان هەڵە؟

ڕاستە

(٥) ئەم بۆشاییانەی خوارەوە پڕبکەوە.

f) دانایی، دنیا

g) دڵ

h) دڵ

i) بیپارێزین

j) وشەی خودا